U0468346

永恒的魅力
时代的绽放

丽耘收藏集萃

编著 李丽

文化藝術出版社
Culture and Art Publishing House

吴新建

李丽

序 言

文化是一个民族的根魂，积淀着浩瀚的智慧，是生命的精神世界，是国家的精神标识，反映着民族最深层的追求。在人类历史的长河中，中华文化源远流长。从甲骨文到兵马俑，从万里长城到三峡电站，展现出中华民族顽强的生命力、强大的凝聚力和非凡的创造力。中华民族以海纳百川的气概，广泛吸取了诸多先进文化因素，谱写出五彩缤纷的盛世华章，也筑建起一座七彩斑斓的文物艺术宝库。走进这座艺术王国，你就会发现中华文明之博大精深，就会领悟中华文化的悠久灿烂，就会赞叹当代"中国梦"的战略宏伟，就会迸发出自强不息的创造力。

改革开放三十余年来，祖国不断兴旺，繁荣发展。2014年，我们又站在了全面深化改革和扩大开放新的发展起点，在千军万马踏上开辟千秋万代新事业的征途之际，为使更多的人们透过文物收藏，感受中华古文明的无穷魅力，增强民族自豪感，树立民族自信心，开发民族创造力，在此，开辟收藏文物、艺术品的新天地，激励人们牢记历史、传承美德、奋发有为、团结和谐、万众一心、共创未来、梦想成真。

李丽从小生在考古之家，父母毕业于北京大学考古系，始终工作在考古调查、发掘、研究工作的第一线。她自幼受家庭熏陶，对文物、古迹、自然、万物都情有独钟，对收藏也有着浓厚的兴趣和执着的偏爱。她伴随着考古文化长大，从小养成独立思维，树立起的高雅目标和爱好奠定了长大后不忘收藏的情感基础。她从小就是一个崇尚"美"和"力"的女孩，是一个崇尚鲜花和英雄的女孩。记得我第一次带她到辽宁省绥中考古工地，她就被气势雄伟、波涛震荡的大海所陶醉，为满天闪烁的繁星，宇宙中升腾变幻的蓝天白云所神往。中学时代的经历和每一次历练都深深地刻画在她的记忆里。随着年龄的不断增长，丰厚的积淀不断地引领着她的人生航标。

她对中国文化艺术的神奇奥秘，充满了诱惑和无穷的遐想，探索用人类创造的文化成果丰富自己，慢慢有了思想理论的逾越。如何走近文化艺术殿堂，如何撬动文化艺术之门，如何步入艺术殿堂的核心，她凭借着自己敏锐灵感的穿透力，越过事物的表象，逐渐懂得唯有捕捉生命中的精髓，捕捉灵魂深处的感知，捕捉人与人之间道德的至高点，呼唤历史，才能找到真实的自己，实现夙愿，谱写出人生最动人的篇章。

她炽热地爱好收藏，因为那是一个瑰丽缤纷的彩色世界。她爱玉，收藏丰富多彩的玉，白玉细腻如羊脂，青玉滴翠如新绿，墨玉凝脂如烟墨，碧玉淡雅如春兰，黄玉富贵如丝绸。玉风格从雅拙古朴到刚劲有力、雄浑豪放；玉的形象从山水、花鸟、鱼虫、飞天等到千姿百态细腻的人物造型；玉的神态从单纯质朴到精妙绝伦再到形神兼备、登峰造极。玉的种类，从原始朴素实用的玉工具，到帝国皇朝的王权玉、君子佩带的道德玉，再到社会百姓的装饰玩赏玉。玉文化贯穿在中华民族精神世界的各个领域中，伴随着中华文明发展的全过程，形成了物质文明和精神文明的高度统一，被赋予了太多的寓意，承载着太多的文化内涵，积淀了太厚重的中华文明。因而，玉文化能够极其深刻地反映出中华民族独特而悠久的精神世界，是波澜壮阔的中华文明历程的真实写照。

　　玉之美令人赞叹。在社会生活中，玉具有装饰美，与祭祀、丧葬、文学、艺术、宗教、道德信仰密不可分。玉在人类社会文明的发展进程中，起着承上启下不可替代的巨大推动作用。玉文化绵延万年，从未中断。无论怎样起伏交错，衍变发展，都生动有力地证明了中国玉文化的神奇、独特，为中华民族所独创。在世界文明发展史上，中国玉文化也是罕见的奇迹，更展示了华夏文明的无穷智慧和辉煌成就。

　　玉之魂令人凝思。在中华文明的发展史上，玉文化占据着极其重要的地位，表达着中华民族强烈的思想情怀、人生信仰和审美理念。玉在中华民族精神世界中充满了神秘、神圣和浪漫。李丽十分爱玉，爱它的独有绵长，爱它的超自然美，爱它的神秘沧桑，爱它承载的中华美德，更爱它积淀的浓厚的中华传统文化，并崇拜它的绚丽、温润、坚韧和高古的美。

　　翡翠七彩斑斓，流光溢彩，凝聚着天地万物之精华。翡翠，水一般的荡漾流动，那样蜿蜒变幻起伏，动感和灵气无可比拟。她爱翡翠，收藏翡翠。因翡翠纯洁的气质，散发着高雅、悠远的文化气息，蕴含着固有的质色美。诱人的翠绿，最富生机活力，是那样的雍容华贵，令人倾倒折服，征服了所有追求美的心灵。

　　旷世的翡翠神品，是大自然赐予人类最鲜活的高雅享受，它承载着人们世代的精神和力量的寄托。美丽中国，中国美，中华民族从来就没有停止过对美的崇拜、追求和创造。如今，翡翠成为现代美的最时尚流行者。它一出现就登上了高贵美的显赫黄金宝座。它的稀缺更突显出其收藏的价值。

瓷器是中华民族灿烂文化的象征，是中华文化艺术宝库中重要的组成部分，是人类共享的艺术珍品，受到世界广泛的珍爱。她爱瓷器，收藏精美绝伦的瓷器。青花、斗彩、五彩、粉彩、单色釉瓷器，都是中华民族独特的发明，折射出中国古瓷艺术耀眼的光辉。在万紫千红的陶瓷艺术品中，造型多种多样，有的气势雄厚，有的端庄雅致。其纹饰，有的飘逸生动，有的清新素雅，有的釉色莹润，有的色彩斑斓，件件都是华夏文明的瑰宝。

器物文明，是传承历史最重要的实证之一，器物以其多样的形体语言，承载着丰富的社会历史信息。无与伦比的瓷器是中华民族勤劳智慧的结晶，强烈地展示出中华民族富有而无穷无尽的创造力。

青春，是人生最美的季节。十八岁的李丽散发着无限青春活力的美和魅力，开始了留学俄罗斯的生涯。俄罗斯是个美丽的国度，浓郁的民族风情，高度文明发展的优秀历史文化，到处充满着美的旋律。其中，一座座精湛美丽的艺术殿堂，五光十色，富丽堂皇、富有民族个性。地域辽阔的俄罗斯山美、水美、环境美，人更美，让她从心底感到震憾和敬佩。而一切美，都源自美的血液和美的心灵。

她广阔的胸襟，如山巍峨，似海壮阔。她冲破了旧传统思想观念的障碍，突破了常规看法固化的藩篱，经历了神秘传奇的温馨幸福婚姻，也经历了孕育生命的艰辛。生活中不仅有美和歌，也有泪水、曲折和磨难。不论是甜蜜还是辛酸，她都将其视作人生财富，珍藏于心灵深处，并以更大的勇气面对生活，让潜力、活力、创造力转化为前进的巨大推动力，迎接伟大时代的新挑战。

随着中国国力的增长，一个正在快速深刻变化的中国，一个正在崛起和发展的中国，正坚定地走向和谐、和平发展之路。从建立新型大国关系，到实体经济不断壮大.中国正从经济大国向经济强国迈进。这让长期生活在国外的她，倍感骄傲和自豪。纷繁复杂多变的世界，世界期待中国，中国走向世界。中国是大国，要造福人类，要对世界作出贡献，要有大国的风范、形象，大国的责任、使命和担当。没有中国在世界的威望和地位，就没有每个中国人立于世界的尊严，祖国永远是海外游子的强大后盾。每个人的前途命运都与国家和民族的前途命运紧密相连。有志者，有梦想，有奋斗就有精彩，就能出彩。有每个人创造的奇迹，有每个人的逐梦，怒放梦想，才能汇聚成整个民族如银河般的灿烂辉煌。

生活中的李丽，是一个有血有肉、有悟性、有灵气的人。她为人处事的哲学令人敬佩，她境界高，看得远，心中装着大爱。在人际关系交往中，总是牺牲自己，快乐别人。她用宽广的胸怀，强大的心灵世界去感染别人，付出从不想回报。她为人淳厚、和善、率真。生活中的她坚毅深沉、淡定、超俗。她拥有坚韧倔强的内在性格，敢于挑战突破自我，超越更高。

胸怀寰宇，拥抱自然，天地人间，宇宙万物，神妙地变幻。她喜欢呼吸天地间浩然之灵气，以此洗礼她的心灵，升华到最高的精神境界。正是有了对人和自然无限的爱，她才有了超人的意志、标准和高度，忘我地去倾注和追求。她从重点小学到重点初中再到重点高中，学习刻苦扎实，打下了厚实的基础，最终，以优异的成绩毕业于俄罗斯科学院国际政治经济研究所，并获得国际经济关系学博士学位，开辟了更广阔的发展空间。

几十年的坚守、向往、追求，在激烈竞争中拼搏，历经艰辛，纵横驰骋，她始终不忘追求生命的价值、艺术的真谛、收藏的深邃，始终把握对生活、历史、文化、艺术、人文、社会、世界，宽层次、多领域、新视角的深刻感悟和历炼，夯实、筑牢人生奉献精神的坚实基础。正是这不平凡的人生阅历，造就了她对多彩世界、独特文明、优秀文化，真、善、美、德的执着追求。

她爱人吴新建是一个高大、有着坚实的臂膀，充满着非凡阳刚气质的小伙子。他勤奋、正直，勇于开拓进取，对事业、对家庭有着高度的责任感，是一个具有中国形象和中国精神的有为青年。李丽夫妇志同道合，共同经历了生与死的磨难，共同走过了风风雨雨的坎坷之路。他们开创了以俄罗斯前财政部长聂恰耶夫为名誉顾问的"中俄教育科学文化发展中心"，多次于北京、上海、三亚成功召开了中俄经贸国际投资洽谈会议。他们策划了中俄高校校长论坛，组织了外专局俄罗斯境外培训，联合上海财经大学承接了俄罗斯联邦政府国民经济学院MBA、EMBA境外实习。他们夫妇二人经常带领俄罗斯高级代表团赴中国政府、企业、高校等相关机构参观访问，为数百家企业开辟东欧市场，成为中俄文化交流的使者与桥梁。

伟大出自平凡，淡泊名利，不忘过去，珍惜现在，开创未来。不管人生还有多少无情的磨难，不管未来还有多大变幻莫测的风浪，他们都要永远携手并肩，相伴相爱一生，用理想、用信念、用坚持去捍卫，用意志、用拼搏、用奋斗去战胜，坚定地驶向人生更加绚丽多彩的明天，谱写出传奇爱情的新篇章。

如今，她有了一个活泼、聪明、可爱的女儿，叫采耘。为什么画册的副标题是"丽耘收藏集萃"呢？很明显，其意就是要让收藏一代代地传承发展下去，这个事业需要年轻的生命和力量。她善于尊重孩童的天性，培养孩子的天赋，激励学习的热情，点亮孩子的心灵。对采耘从小进行双母语、双思维中西合并式教育。让她对生命充满神圣感、价值观和成就感，让她在逐梦中获得无穷的力量。采耘初露的睿智，蓬勃旺盛的生命力，势如破竹，幼小的心灵世界里，已经有梦想，有追求。孩子才是真正的希望与未来。

这是一部浓缩精华的收藏画册，展示出一个文物、艺术品收藏爱好者的魅力和生动风采。它给人以历史的思悟和启迪，给人以美的享受。感悟历史，感悟时代，激励人生。对建成富强、民主、文明、和谐的社会主义现代化国家的奋斗目标，实现中华民族伟大复兴的中国梦，对培育和实践社会主义核心价值观，更好地弘扬中国精神，包括民族精神和时代精神，都将起到巨大的作用。

几十年来，她付出了汗水，用自己的辛劳所寻觅的民间散落宝藏，从涓涓细流到不断丰富，必将汇集成川、奔腾不息地流向承载中华文明的浩瀚大海，并将永远给人以鼓舞、振奋，激励中华儿女爱历史、爱民族、爱国家、爱生活、爱世界，做和谐社会的坚定守护者，传统美德的传播者，未来事业的开拓者，实现"中国梦"的圆梦者。

谨以此画册展示收藏的艺术，为不断探索中华民族历史奇迹的人们提供一把开启心灵大门的"金钥匙"，增强民族自豪感和自信心，更加满怀豪情地奔向伟大复兴的明天！梦想在腾飞！让宝藏成为永恒的魅力，时代的绽放！

李丽母
2014年5月1日
于北京太阳园

目 录

- 第一章 超自然的玉石器…………………… 1
- 第二章 精美绝伦的瓷器…………………… 31
- 第三章 七彩斑斓的珠宝翡翠……………… 73

第一章 超自然的玉石器

玉文化的起源，从目前我国考古资料看，东北辽河、西拉木伦河流域是我国远古玉器发现最早的地区。1983 年，辽宁海城仙人洞旧石器时代晚期遗址就出土了用当地岫岩玉打制成的砍砸器及片状玉石器，根据洞穴遗址的时代，这些原始玉器距今约 2 至 3 万年，这是我国北方远古先民打制玉器最早的信息，开创了中华民族传统玉文化的先河。这个过程包括认识、采集玉料、创造研制器形、发明先进工具、改良工艺流程、总结经验、发挥凝聚群体力量和升华个人智慧的全过程。从 20 世纪 80 年代起始至今，在内蒙古赤峰市敖汉旗兴隆洼和辽宁省阜新市、内蒙古自治县沙拉乡查海聚落遗址出土了一批具有早期文化特点的玉器，制作玉器最初的目的，是为了生产、生活、祭祀需要，查海制玉尚处在它山之石、可以攻玉的萌发初创阶段，时间距今约 8000 至 12000 年。

　　位于辽宁省凌源县和建平县交界处的牛河梁，是红山文化的圣地。近年来，通过考古发掘得知，牛河梁第二、三、五、十六，四个地点，42 座积石冢墓（包括遗址采集在内），共出土了近两百件玉器，有玉雕祭器类、动物类、饰品类、工具类，有红山文化独树一帜的玉代表器，通天通神的斜口箍形器，勾云纹玉璧"龙凤呈祥"的玉龙、玉凤，集族权、神权于一身的供手玉人，通神灵、通天达地的玉神龟。红山文化的这些玉器精粹，具有典型性和象征意义。其中玉人、玉凤的出土，是突破性的发现，具有十分重要的学术价值。红山文化玉器种类之丰富多彩，造型之生动传神，工艺技术之登峰造极，是举世无双的，堪称中华民族北方原始文明的新曙光。

　　从夏代开始，我国进入阶级社会，先民的社会理念和价值观都发生了很大变化。玉文化在承袭先人文化成果的基础上，也不断地随着社会发展而创新。

　　夏商周时期，帝王贵族对玉璧、玉琮、玉圭、玉璋、玉璜、玉琥等玉器，有了更进一步的严格规范，不同的礼器只能在规定的庆典、祭祀场所使用，有的礼器成了官位等级的标志。比如，圭可以分为琬圭、琰圭和谷圭，它们都是天子赐予使节用来行使命令的瑞节。其中，琬圭用于天子结好诸侯，赞赏他们的善事德行；琰圭则用于天子征伐诸侯的恶行；谷圭则是在天子讲和或者下聘的时候，让使臣执掌着代为行事。有的礼器成了礼节王令的代号，社会高层行使权力的象征。百姓贫民不得不拜倒在权力之下，以往用劳动智慧创造的玉器悄然成了统治者的神权。玉钺、玉弋等兵器充满着征战凶杀阴森森的社会恐怖气氛。这个时期玉器的特点，特意将某些动物头部夸大，构成图案，并且惯用夔龙、螭虎作轮廓，摄取自然界多种禽兽目光敏锐、牙齿锋利等动物特征，制造社会恐怖。

孔子曰："君子比德于玉"，"君子无故，玉不去身"。主张玉有仁、义、礼、知、信、天、地、道、德、忠、乐，十一德。《管子·水地》为九德；《旬子·法行》为七德；《说苑·杂言》为六德；《说文解字·玉》为五德。上述资料说明，中国古代圣贤各派大家虽有不同之处，但基本认同儒学对玉学的主张和观点。玉本质是物质的东西，玉不琢不成器，玉器是一种文化，是物质和精神的统一。孔子把君子与小人分开，又把君子的道德品质、品格用玉展现，无疑这是一次大的社会思想变革。因为人无完人，金无足赤，所以用完美玉德作标准，就更贴近生活及具有现实意义。

在古代玉文化中，玉德代表着中华儿女的高贵品德，龙文化展现的是中华民族的精神和灵魂。红山文化的先民五千多年前就把璀璨夺目的美玉雕刻成玉龙。这种把物质文化与精神文化高度统一并凝聚成一体，是古代先民智慧的结晶。玉学这个领域内容很广泛，只从性命双修，养生保健这个层面看，其前景也是无限光明的。有了玉学这个舞台，今后会谱写出更加辉煌的新篇章。

中国玉文化博大精深，源远流长，在人类文明史上著称于世，独占鳌头，是人类文明史上的奇迹。远在万年前，我们的远古祖先，就在我国北方首先发现、认识到玉石的美丽，质地坚硬，温润富有韧性，将玉琢制成龙来崇拜，时至今日，龙文化仍然是中华民族的标识。光芒四射的玉文化和薪火相传的陶瓷艺术，是研究中华文明史的两条红线，将永远大放光彩，照亮全球，激励我们实现中华民族伟大复兴之梦。

① 大嘴大耳白玉太阳神
② 长方形云纹玉璧
③ 带钩形玉雕马头饰
④ 圆形素面玉璧
⑤ 熊式太阳神

图版　超自然的玉石器　5

③

④

⑤

① 猪首C字型玉龙
② 玉玦龙
③ 玉雕蜜蜂
④ 猪首双人对视玉雕龙

图版 | 超自然的玉石器 | 7

正　　　　　　　　　　　　　　　　　③　　　　　　　　　　　　　　　　　背

④

永恒的魅力　时代的绽放 ｜ 丽耘收藏集萃

① 鞋形人头雕像

② 白玉弥勒佛雕像

③ 玉雕马头饰

④ 鸟形玉梳

① 双首玉雕龙
② C 字型玉雕龙
③ 双蛙筒形器
④ 双蛙筒形器（局部）

图版 | 超自然的玉石器 | 11

③

④

文房四宝八件套木盒及木架

① ②玉印章

③ 玉压尺

④ ⑤ 翡翠毛笔

⑥玉雕水器

⑦ 玉墨盒

⑧ 玉笔架

⑦ ⑧

永恒的魅力 时代的绽放 | 丽耘收藏集萃

①

② ③

① 玉墨盒

② 玉印章

③ 玉玦龙

④ 三足蛙驮龟玉雕

⑤ 大型太阳神

16　　永恒的魅力　时代的绽放　　丽耘收藏集萃

正 ①

侧

②  ③

① 无首玉雕青蛙

② 淡黄色玉雕龙

③ 拱手鼓腹女太阳神

④ 碧玉二胡

太上皇帝之宝 玉圭（正面）

太上皇帝之宝　玉圭（背面）

三件套圆印 木盒

三件套碧玉圆形印

左：嘉庆之宝 筒心印文

中：嘉庆御览之宝 筒底印文

右：嘉庆御笔 筒盖印文

玉角杯

玉雕龙

永恒的魅力　时代的绽放　｜　丽耘收藏集萃

①

① 《御稽纪恩堂部》玉书,一册,八版
② 自强不息 印
③ 开卷有益 印

① 装双鼎木盒

② 碧玉三足双耳小鼎（一对）

图版 | 超自然的玉石器

六部印之一　御用尚书礼部 印

乾隆年制

六部印之二　御用尚书工部 印

乾隆年制

六部印之三　御用尚书户部 印

乾隆年制

六部印之四　御用尚书兵部 印

乾隆年制

六部印之五　御用尚书事部 印

乾隆年制

六部印之六　御用尚书刑部 印

乾隆年制

乾隆御笔 印

乾隆御笔 印

乾隆御笔 印

古稀天子之宝 印

古稀天子之宝 印

第二章 精美绝伦的瓷器

经过明末农民大起义和满族入关的战乱冲击，对土地实行了再分配。清朝为了巩固其统治，采取了一些兴修水利，减轻赋税，对部分手工业者废除"匠籍"束缚的政策，促使社会生产力有了普遍的提高。

清代帝王，特别是康熙、雍正、乾隆都格外爱好瓷器。康熙本人重视西洋科学技术的发展，著名的珐琅彩品种，就是康熙时期引进国外彩料创制的，也为粉彩的大发展奠定了基础。雍正皇帝十分重视瓷器的质量，他采用奖励制瓷工人的办法，使瓷器质量得到明显的提高。乾隆皇帝酷爱各种玉、瓷工艺品，并能亲自鉴定分级。康、雍、乾三朝帝王非常关心瓷器艺术品的生产，无疑对清朝景德镇官窑瓷器的发展起着重大的推动作用。

清代外销欧洲的瓷器数量十分巨大，都要依据外国人指定的标准，按照规定的图案造型、装饰花纹生产。这对民窑工人制瓷技术的提高，无疑起到了促进作用。随着国内外瓷器市场日益增长的需要，也极大地激发了民窑瓷器的发展。

江西景德镇有漫长的陶瓷生产史，经过宋元两代的发展，从明朝起，景德镇瓷业发展进入了一个黄金时代。朝廷在此建立了官窑，景德镇成为天下瓷窑聚集的全国性瓷业中心。康熙以后，清廷还派官员到景德镇驻厂督办。

清代，景德镇瓷窑已达三千余座，每日要消耗一万担米，一千多头猪。夜晚好像是被火焰包围着的一座巨城，又像一座有许多烟囱的大火炉。整个清朝，景德镇始终保持着中国瓷都的地位。

清朝是在唐、宋、元、明，五大古老官窑（官、哥、定、汝、钧）薪火相传的生产基础上，把各地烧制瓷器的经验和技术都集中到景德镇。从此，中国结束了分散在各地烧制瓷器的历史，统一集中在条件较好的景德镇（有瓷土、水、燃料、技术工人）烧制生产，这是一次手工业模式上的重大变革，为清代珐琅瓷、粉彩瓷、青花瓷打下了坚实的基础。雍正时期的粉彩，极为讲究，并且成了粉彩的主流。青花、粉彩两个品种在景德镇青瓷中，占有相当大的比例，烧造技术达到了炉火纯青的地步。

从商周到清代，中国烧瓷业经历了三千年的风风雨雨，薪火相传到清朝，达到了一个全新的境界，代表着东西方瓷器生产的最高水平。这与清朝社会稳定，国力增强，汉民族、满族文化交流融合及引进西洋著名画师、彩料是分不开的。只有民族团结，东西方文化交流合作，才能生产出符合海内外不同民族人群所需要的中国瓷。

本书重点选择了清中期具有较高艺术价值和品味的收藏品奉献给新老朋友们观赏，并着重介绍几件藏品，使您可以伴随着我的文字徜徉于中华古老瓷器文化艺术的殿堂。

瓷王，也称瓷母，清朝乾隆年制，国宝级工艺品。敞口、束颈、腹部圆鼓，全器共有十六道不同色彩的装饰花纹及十五种彩釉，并用金色线隔开。有十二幅开光彩绘图，"福寿万代"、"丹凤朝阳"、"三阳开泰"、"吉庆有余"、"太平有象"等。瓷王，集历代多种工艺技术于一器，其造型雄浑，色彩灿烂，堪称是研究中国陶瓷发展的"活化石"。

藕耳警示瓶，清朝乾隆年制，篆书款。整个瓷瓶图案由荷叶、莲花、莲蓬、藕组成。清水、绿叶、红花、白藕给人以清新淡雅之美，同时，又寓意荷触污泥而不染的高贵品德。如果在桌上摆放这样一件警示瓶，会给人带来温馨欢乐和有所教义。荷，从根到叶及果实，全身都是宝，可食，可药用，其思想性和艺术价值都极高，可谓古稀之宝。

冠帽架，俗称官帽架，清朝乾隆年制，底有楷书款。官窑专为高官烧制帽架。其造型装饰非常讲究，冠帽架由底座、中心轴、球体、两件小圆环共五件组成，绘画、描金、镂孔各种工艺精益求精。球体镂孔，上绘双龙戏珠，黑色龙为雄性，红色龙为雌性，双龙在云海中飞舞，极为生动，令人叫绝。

精美绝伦的瓷器，有火的刚烈，水的优雅，土的敦厚，玉的柔润。因其工艺精湛、高雅、珍贵，将越来越成为人们的居室、客厅等富丽堂皇的时尚装饰品。

藕耳警示瓶

① 喇叭口螭耳瓶

② 龙纹大盘

① 方口珐琅彩四面开光瓶
② 双龙戏珠开片瓷瓶

① 长寿天球瓶

② 雪景开光天球瓶

① 长颈开光珐琅彩象耳瓶
② 古铜彩象耳瓶

古铜彩象耳瓶

才子佳人六角瓶

乾隆年製

① 影青狮耳罐

② 天官赐福瓶

方口方体青花人物尊

瓷母（王）瓶

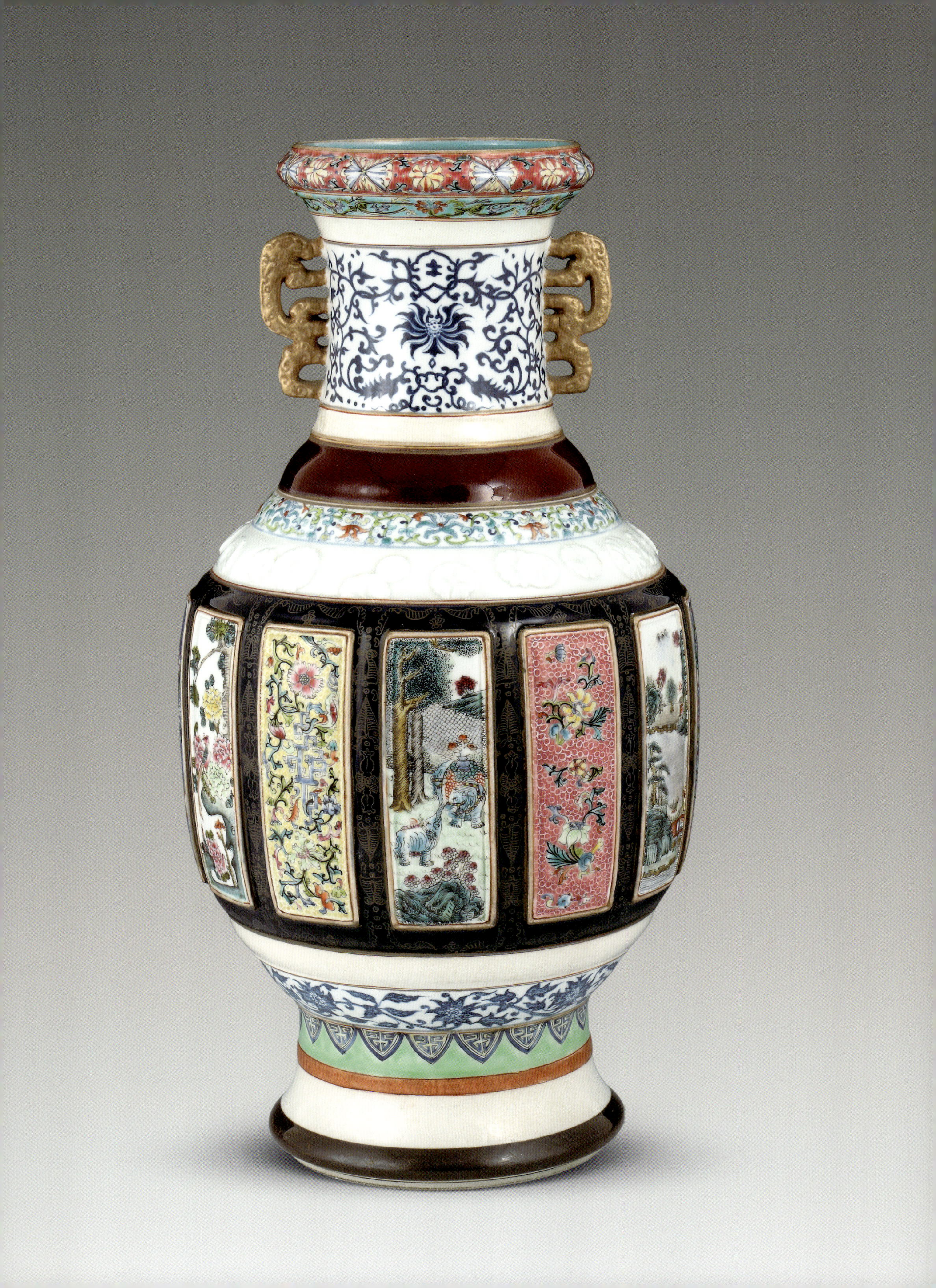

古铜彩开光螭耳盖罐

十二边角大彩盘

① 镂孔葫芦瓶

② 长颈开光珐琅彩象耳瓶

永恒的魅力 时代的绽放 | 丽耘收藏集萃

① 青花笔洗

② 龙凤梅瓶

① 六面体简耳瓷瓶

② 螭耳赏瓶

48 | 永恒的魅力 时代的绽放 | 丽耘收藏集萃

四耳镂孔转心瓶（一对）

辣椒红螭耳瓶

乾隆年製

永恒的魅力 时代的绽放 | 丽耘收藏集萃

青花梵文莲瓣纹盘

螭耳万花瓶

黄地粉彩描金瓷觚

三足珐琅彩镂孔香炉

白地蓝花粉彩花觚（一对）

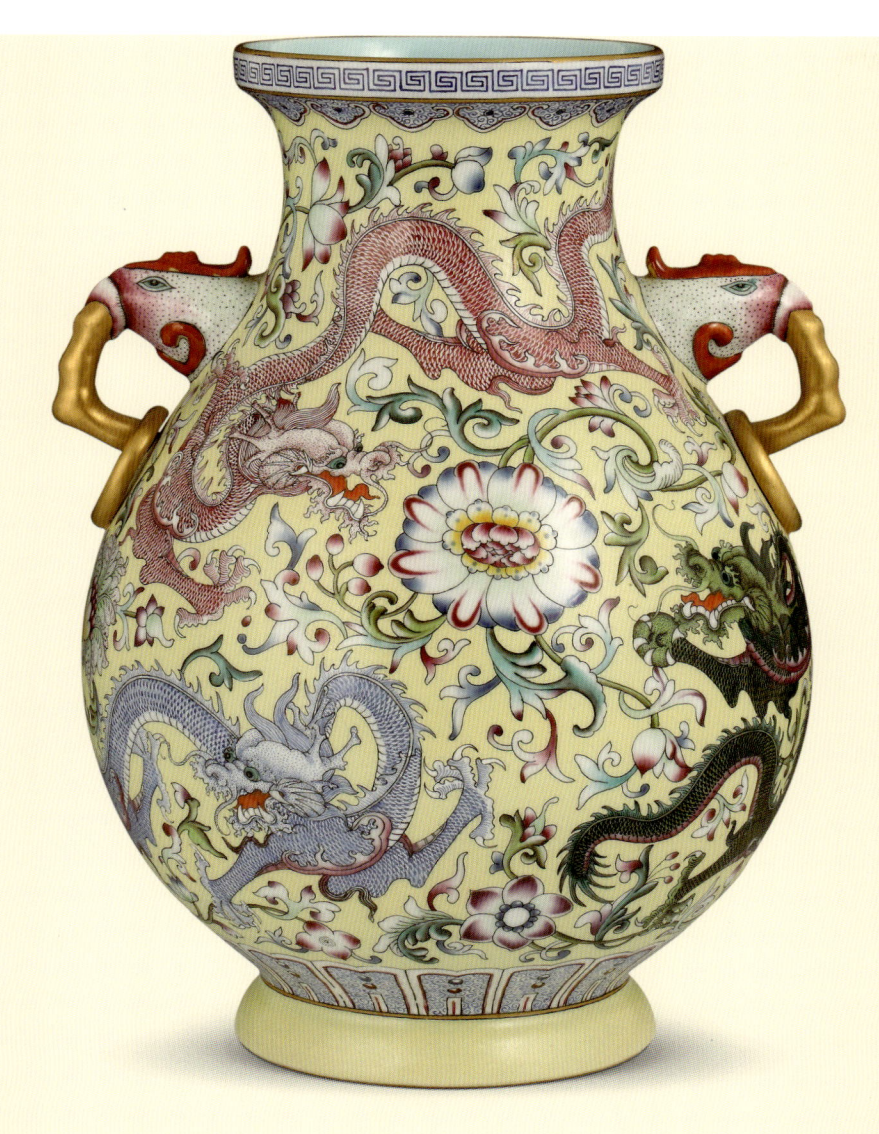

五龙鸡冠耳瓶

花鸟纹冬瓜瓶

① 红地黄花盖罐

② 珐琅彩转心瓶

中非瓶（牡丹天球瓶）

永恒的魅力 时代的绽放 | 丽耘收藏集萃

① 春梅罐

② 白地青花梅瓶

③ 青花人物瓶

① 青花长颈瓶

② 直颈深腹青花罐

永恒的魅力 时代的绽放　丽耘收藏集萃

人物图玉壶春瓶

镂孔葫芦瓶

乾隆年製

瓷碗

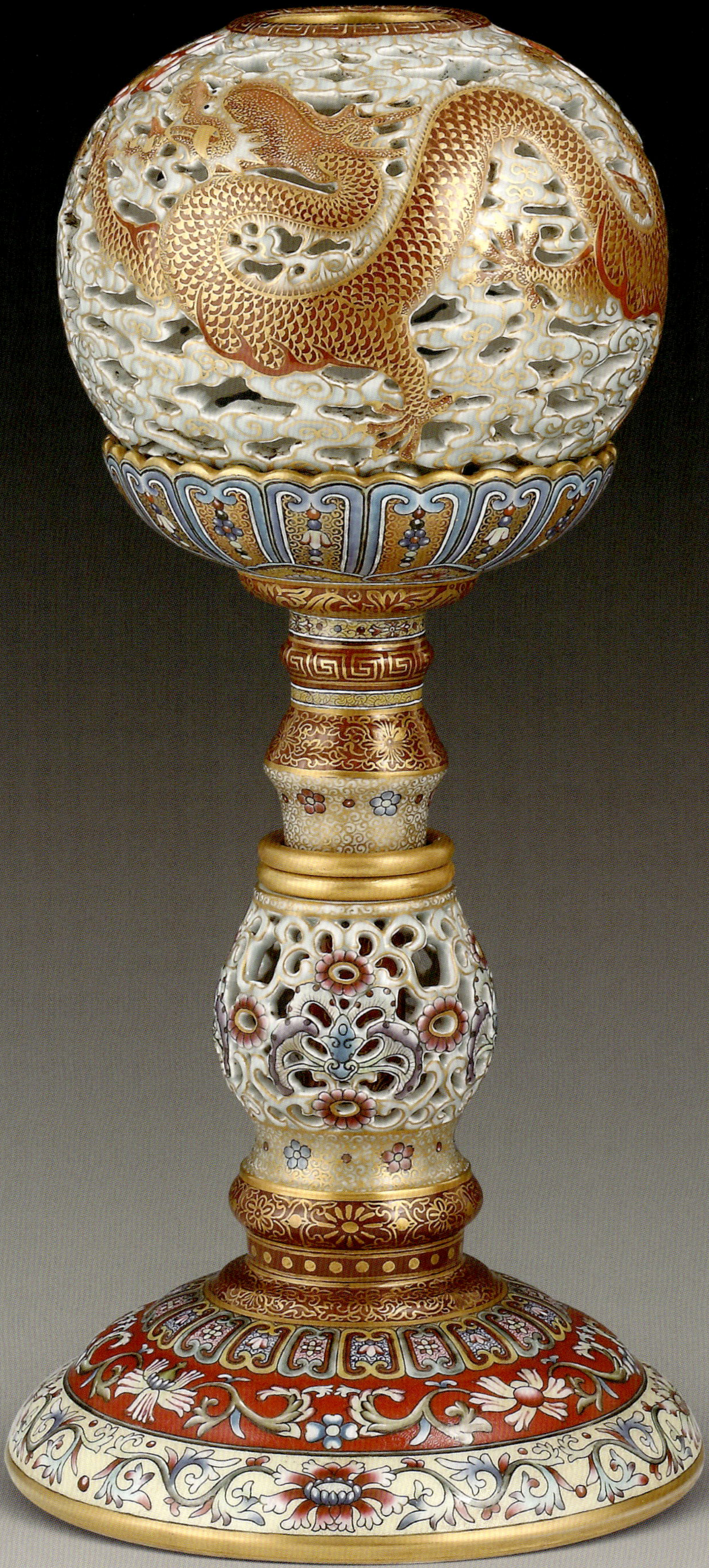

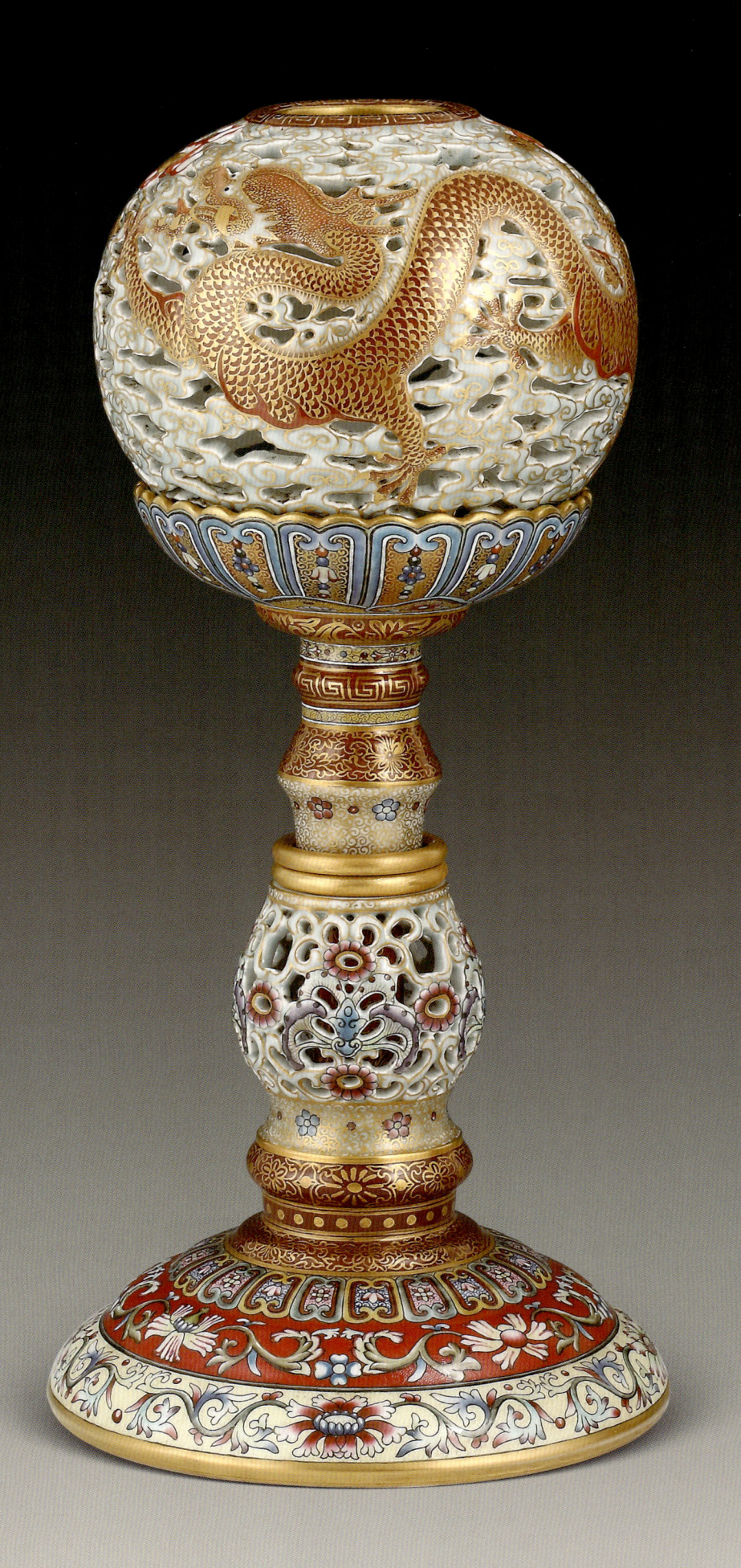

冠帽架（一对）

① 古铜彩狮耳尊

② 古铜彩龙耳尊

图版 | 精美绝伦的瓷器 | 63

六面体花觚

石榴耳海兽花纹瓷瓶

① 龙纹葫芦瓶

② 直颈青花罐

青花人物大赏瓶

① 七贤人物瓶

② 羊头耳青花尊

① 狮耳短颈罐
② 黑地珐琅彩蝴蝶螭耳瓶

① 侈口细颈瓶

② 蝙蝠耳赏瓶

① 长颈球腹青花瓶
② 长颈圆腹龙纹青花瓶

① 石榴形青花罐

② 圆头青花瓶

③ 蓝地白花珐琅彩螭耳瓶（一对）

第三章　七彩斑斓的珠宝翡翠

东汉许慎在《说文解字·玉部》中说："玉，石之美者。"翡翠在玉石大家族中堪称是玉石之王。中国古代把色彩鲜艳、质地坚硬、温润而美丽的石头都称作玉石。而西方则依据玉石硬度的不同划分为硬玉和软玉。翡翠硬度为6.5至7.0度，密度3.33g/cm³，因其硬度大，故称作硬玉。新疆和田玉硬度为6.0至6.5度，密度为2.95g/cm³，比翡翠稍软而称为软玉。两者除硬度上的差别之外，在化学、矿物成分和物理性质上，也不尽一致。硬玉翡翠矿物成分主要是辉石类，软玉以和田玉为代表，其主要矿物成分是闪石类。

翡翠，本为鸟名，《说文解字》释翡为"赤羽雀也"，即红羽称翡，绿羽称翠。翡翠系鸟与玉同名，已被翡翠界所公认。翡翠的产地主要集中在缅甸乌龙江流域，约占世界翡翠总产量的95%。当今世界最大的翡翠市场也在缅甸。此外，哈萨克斯坦的伊特穆隆达、美国的列尔克里克、危地马拉、巴基斯坦、阿富汗、俄罗斯的塔什干、我国云南省西南部边界地区等，也均是翡翠的集散地。翡翠在中国兴起的时代较晚，是近二三百年的事，这可能与翡翠产地的原始文化、原始农业、原始工艺技术发展起步较晚有关。据老一辈地质学家章鸿钊先生考证，中国汉代文献中就有了玉类翡翠的一些零散记载，到了清朝雍正、乾隆时期，方有翡翠实物从缅甸、云南传入京师皇宫，直至乾隆晚年翡翠的价格才高出新疆和田玉。

清朝晚期，总揽大权的慈禧皇后叶赫那拉氏也非常喜爱翡翠，经常向粤海关索要饰品、板指等翠件。到 20 世纪中叶，民间作品才开始兴盛起来。

翡翠虽然姗姗来迟，却是后起之秀，从其登上玉坛初露头角，经历百余年的发展创新过程，就跨进了玉坛殿堂，成为第一把交椅。其发展速度之快，使收藏家、翡翠爱好者、商界始料不及，想象不到。翡翠饰品，在海内外珠宝市场上，总是大幅度飙升，其价格呈百倍翻番。不仅与新疆高贵的和田玉并驾齐驱，而且大有超过和田玉之势。

翡翠因质地坚硬、细腻、色绿、水灵、纯净、高雅及其流动性的自然美、光感美、声乐美，深受科技、文化、艺术界人群所青睐。翡翠是一种神奇的矿物，在医药领域有其独特的养生保健作用。翡翠承载着人类历史的信息，也蕴含着大自然的奥秘，是高科技、信息时代的珍贵研究对象。物以稀为贵，虽然社会对翡翠的需求越来越大，而翡翠却是不能再生的珍品，资源日趋枯竭，产量日益减少，其价格也会日趋上升。随着人们社会物质、文化、生活水平的不断提高，翡翠因其时尚、品味、高贵，有着广泛的国内外社会收藏需求，它的价值增长和市场空间亦是不可估量的。

① 龟鹤延年墨翠寿牌（正）

龟鹤延年墨翠寿牌（背）

② 葫芦形翡翠饰品（老坑）

③ 翡翠观音佩饰

④ 墨翠观音配饰

⑤ 翡翠雕牌（老坑）

⑥ 阳绿翡翠与黑玛瑙珠相间项链

⑦ 油青翡翠项链

图版 | 七彩斑斓的珠宝翡翠

① 翡翠佛佩饰

② 千手观音佩饰

③ 镂雕枝花，龙柱，如意，钱翡翠饰牌（老坑）

正　③　背

④ 翡翠龙牌饰

⑤ 翡翠佛佩饰（老坑）

⑥ 灵界菩萨佩饰

⑦ 大青花翡翠手镯（老坑）

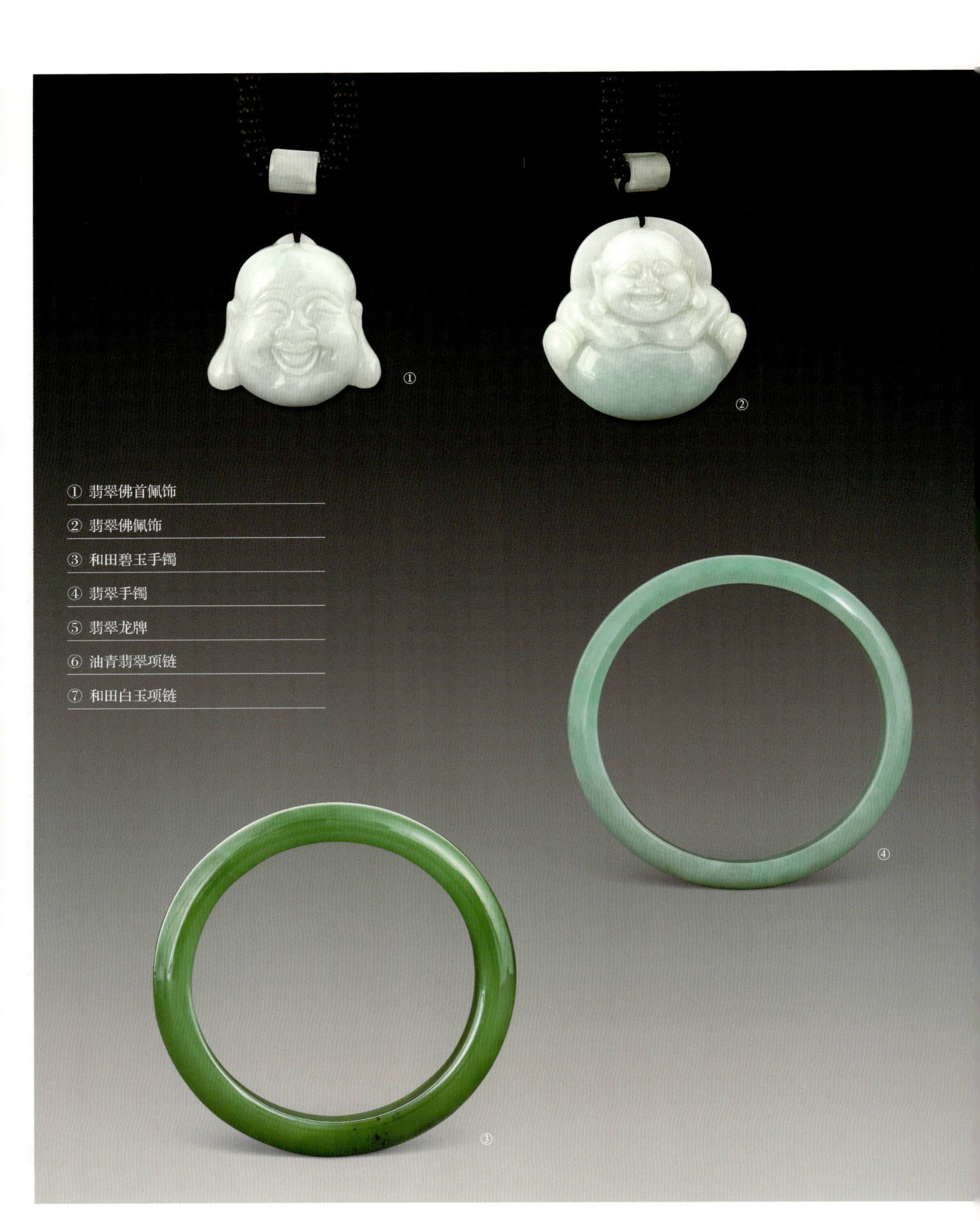

① 翡翠佛首佩饰
② 翡翠佛佩饰
③ 和田碧玉手镯
④ 翡翠手镯
⑤ 翡翠龙牌
⑥ 油青翡翠项链
⑦ 和田白玉项链

正 ⑤ 背

⑥

⑦

①

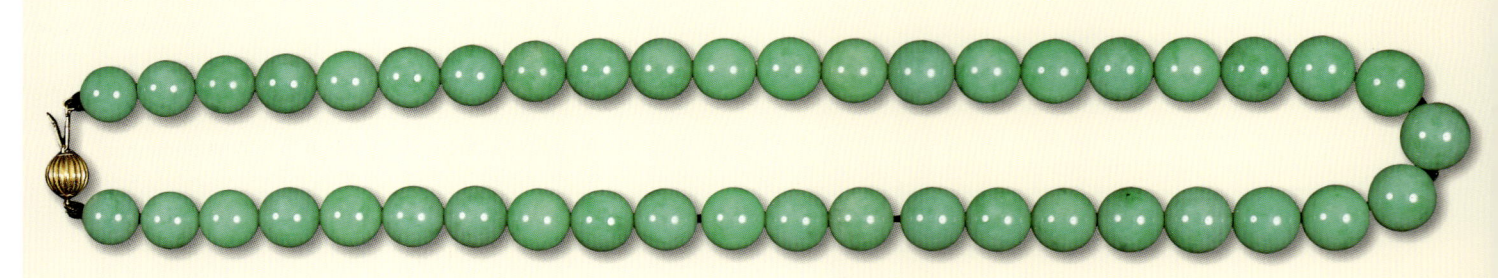

②

③

图版 | 七彩斑斓的珠宝翡翠　83

① 透雕五蝙蝠、寿桃、枝花翡翠饰牌 1 号（左正）

透雕五蝙蝠、寿桃、枝花翡翠饰牌 1 号（右背）

② 佛手翡翠坠饰（老坑）

③ 翡翠阳绿项链

④ 翡翠寿桃坠饰（老坑）

⑤ 黑色翡翠一桶金雕件（老坑）

⑥ 和田玉佛首手串

永恒的魅力 时代的绽放　丽耘收藏集萃

①
②
③
④

① 古翡翠神算器（老坑）

② 麒麟如意翠雕手把件

③ 翡翠葫芦形佩饰

④ 阳绿翡翠手串

⑤ 黄绿翡翠手把件

⑥ 透雕五蝙蝠、寿桃、枝花翡翠饰牌2号

⑦ 翡翠龙柱饰

⑧ 翡翠兽面戒指（老坑）

⑨ 翡翠戒指（老坑）

① 二龙戏珠红翡饰牌（老坑）

② 红纹宝石坠（阿根廷）

③ 巧雕红翡花生、白翠鼠挂件（老坑）

玛瑙壶

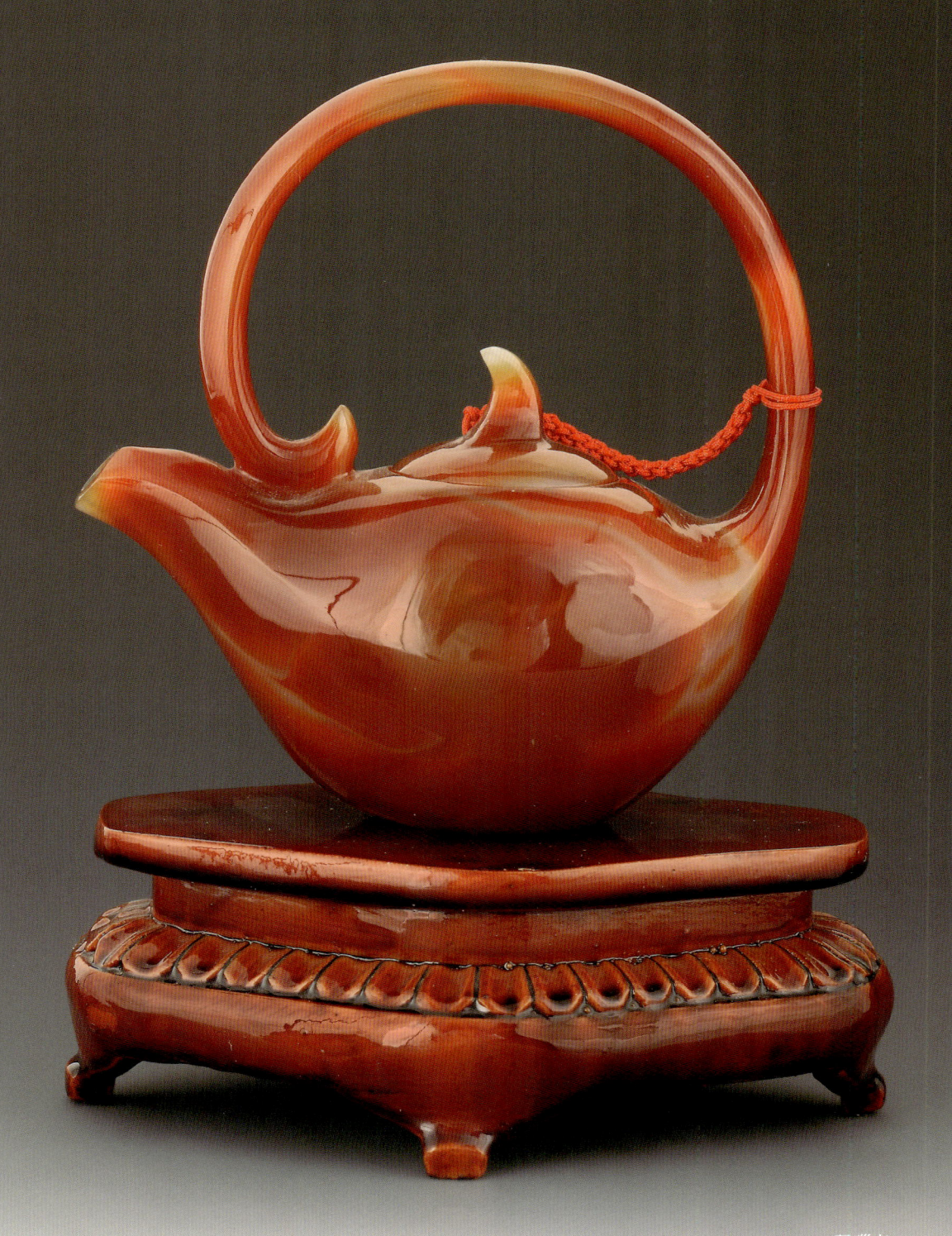

① 雕花翡翠手镯

② 十八罗汉象牙巧雕串

③ 翡翠手镯

① 和田碧玉手镯

② 翡翠手镯

③ 阳绿翡翠手串

永恒的魅力 时代的绽放 | 丽耘收藏集萃

①

②

③

① 阳绿翡翠佛佩饰

② 翡翠佛佩饰

③ 和田白玉项链

④ 金镶玉翠佛佩饰

⑤ 金镶玉翠观音佩饰

⑥ 寿星出世、如意、寿桃、仙鹤、蝙蝠前行翡翠挂件（玻璃种）

⑦ 象牙佛首宝手串

图书在版编目（CIP）数据

永恒的魅力　时代的绽放：丽耘收藏集萃 ／ 李丽
编著． —— 北京：文化艺术出版社，2014.6
ISBN 978-7-5039-5538-9

Ⅰ．①永… Ⅱ．①李… Ⅲ．①工艺美术-作品综合集
-中国 Ⅳ．①J521

中国版本图书馆CIP数据核字（2014）第095322号

永恒的魅力　时代的绽放：丽耘收藏集萃

编　　著	李　丽
策　　划	吴新建
摄　　影	林　利
责任编辑	张爱玲
出版发行	文化藝術出版社
地　　址	北京市东城区东四八条52号（100700）
网　　址	www.whyscbs.com
电子信箱	whysbooks@263.net
电　　话	（010）64813345　64813346　（总编室）
	（010）64813384　64813385　（发行部）
经　　销	新华书店
印　　刷	北京雅昌艺术印刷有限公司
版　　次	2014年10月第1版
印　　次	2014年10月第1次印刷
开　　本	887毫米×595毫米　1/16
印　　张	6.5
书　　号	ISBN 978-7-5039-5538-9
定　　价	180.00元

版权所有，侵权必究。印装错误，随时调换。